Más Allá del Campo de Batalla

Periodistas

Allen R. Wells

Traducción de Santiago Ochoa

CONEXIONES

de la ESCUELA a la CASA
de ROURKE

ANTES Y DURANTE LAS ACTIVIDADES DE LECTURA

Antes de leer: *Construir los conocimientos previos y el vocabulario*

Los conocimientos previos pueden ayudar a los estudiantes a procesar nueva información y a basarse en lo que ya saben. Antes de leer un libro, es importante aprovechar lo que los estudiantes ya saben sobre el tema. Esto los ayudará a desarrollar su vocabulario y a aumentar su comprensión lectora.

Preguntas y actividades para reforzar los conocimientos previos:

1. Mira la portada del libro y lee el título. ¿De qué crees que tratará este libro?
2. ¿Qué sabes ya sobre este tema?
3. Recorre el libro y hojea las páginas. Mira el índice, las fotografías, los pies de foto y las palabras en negrita. ¿Te han dado estas características del texto alguna información o algún adelanto sobre lo que vas a leer en este libro?

Vocabulario: *El vocabulario es clave para la comprensión lectora*

Utilice las siguientes instrucciones para iniciar una conversación sobre cada palabra.

- Lee las palabras del vocabulario.
- ¿Qué se te viene a la mente cuando ves cada palabra?
- ¿Qué crees que significa cada palabra?

> ### Palabras del vocabulario:
> - *campo de concentración*
> - *censurado*
> - *fotoperiodista*
> - *frente de batalla*
> - *propaganda*
> - *reportero*

Durante la lectura: *Leer para entender y comprender*

Para lograr una comprensión profunda de un libro, se anima a los estudiantes a utilizar estrategias de lectura detallada. Durante la lectura, es importante que los estudiantes hagan una pausa y creen conexiones. Estas conexiones dan lugar a un análisis y una comprensión más profundos del libro.

Lectura detallada de un texto

Durante la lectura, pida a los estudiantes que hagan una pausa para hablar de los siguientes aspectos:

- Las partes confusas.
- Las palabras desconocidas.
- Las conexiones dentro del texto, entre el texto y uno mismo y entre el texto y el mundo.
- La idea principal de cada capítulo o título.

Anime a los estudiantes a utilizar pistas contextuales para determinar el significado de las palabras desconocidas. Estas estrategias ayudarán a los estudiantes a aprender a analizar el texto con más detenimiento mientras leen.

Cuando termine de leer este libro, vaya a la penúltima página, donde encontrará las **Preguntas después de la lectura** y una **Actividad**.

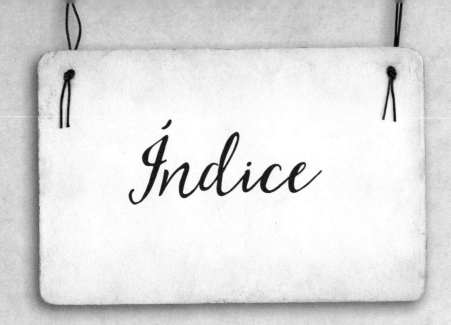

Índice

Reporteros 4

Fotoperiodistas 16

Juego de memoria 30

Índice analítico 31

Preguntas después de la lectura 31

Actividad 31

Sobre el autor 32

REPORTEROS

Sir Basil Clarke

Sir Basil Clarke fue **reportero** del *Daily Mail* en Inglaterra durante la Primera Guerra Mundial. En octubre de 1914, Clarke fue enviado a Bélgica. El ejército alemán avanzaba hacia la ciudad de Ostende y el periódico quería que Clarke estuviera allí antes de que los alemanes llegaran.

reportero: Alguien que recoge y transmite las noticias para un periódico, revista o sitio web.

frente de batalla: Las líneas militares o partes de un ejército que están más cercanas al enemigo.

Pero llegó demasiado tarde. A los periodistas no se les permitía estar en el **frente de batalla** en aquel momento, por lo que se suponía que Clarke regresaría a Londres. En lugar de ello, Clarke se escondió en un tren lleno de soldados franceses en Dunkerque para llegar al frente de batalla.

Clarke era conocido como el reportero que iba a las guerras con un sombrero tipo hongo.

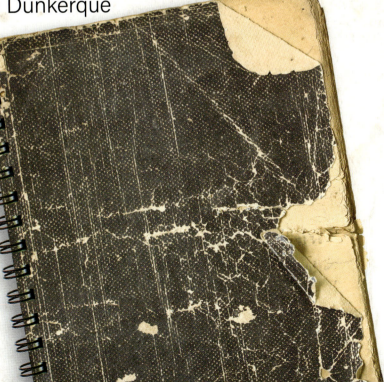

Clarke vivió como un fugitivo en Dunkerque. Vivió de cerca las realidades de la guerra. Entrevistó a soldados, informó sobre lo que vio y envió las historias a Inglaterra. El público británico quedó impactado por sus informes. Pudo decirle la verdad al público, y la verdad era horrible.

Clarke se vio obligado a regresar a Inglaterra luego de ser descubierto por las autoridades locales. Después de la guerra, Clarke dejó su carrera como periodista, pero se le recuerda por haber cambiado la forma en que los periodistas cubren la guerra.

Soldados británicos en una trinchera del campo de batalla durante la Primera Guerra Mundial, vistos aquí durante una pausa en los combates.

Marguerite Higgins

Marguerite Higgins se hizo reportera en 1942. Los reportajes de Higgins se centraron en las guerras, comenzando con el final de la Segunda Guerra Mundial. En 1944, las tropas estadounidenses estaban a punto de liberar el **campo de concentración** de Dachau. Higgins se les adelantó, haciendo de ella y un colega los primeros estadounidenses en llegar a Dachau.

Dachau

Dachau fue el primer campo de concentración nazi. Fue utilizado como un modelo para todos los campos de concentración de Alemania.

Marguerite Higgins

El campo de concentración de Dachau

campo de concentración: Lugar donde un gran número de personas (prisioneros de guerra, refugiados o miembros de un grupo étnico o religioso) están encarceladas y son vigiladas por guardias armados.

Higgins continuó sus reportajes de guerra cuando empezó la guerra de Corea en 1950. Escribió artículos sobre sus experiencias en el frente de batalla. Cuando se expulsó a las reporteras, Higgins obtuvo permiso para continuar con su trabajo gracias a un general al que había entrevistado. Su jefe amenazó con despedirla si no regresaba a casa, pero Higgins sabía que su labor periodística era demasiado importante.

Debido a sus increíbles reportajes sobre la guerra de Corea, Higgins recibió el Premio Pulitzer de Reportajes Internacionales en 1951. Siguió siendo escritora por el resto de su vida.

Vincent Lushington «Roi» Ottley

Vincent Lushington «Roi» Ottley fue enviado desde los Estados Unidos a Europa para informar sobre las fuerzas armadas estadounidenses durante la Segunda Guerra Mundial. Fue el primer reportero negro en ser contratado por un periódico importante para cubrir la guerra.

La hipocresía en los Estados Unidos

Ottley estaba interesado en la situación de los afroamericanos que luchaban por los derechos civiles en su país a la vez que combatían por la libertad en Europa. Durante su trabajo como reportero en la Segunda Guerra Mundial, escuchó a un soldado negro decir: «Cuando regrese a casa, obtendré un poco de esa libertad de la que hablan».

Ottley ya era un escritor muy conocido por su libro *New World A-Coming: Inside Black America*. Este libro resaltó la hipocresía racial que había en los Estados Unidos. Mientras los estadounidenses libraban una guerra por la libertad en Europa, los afroamericanos no tenían las mismas libertades en casa.

Vincent Lushington «Roi» Ottley

Ottley escribió sobre las relaciones raciales entre los soldados de las tropas estadounidenses. Tenía que ser cuidadoso con lo que escribía. A menudo tuvo que suavizar la realidad de las relaciones entre los soldados blancos y negros para asegurarse de no ser **censurado**.

Ottley quería mostrar el valor de la gente negra en el ejército. Dedicó gran parte de sus artículos a los logros de los soldados negros. Se le recuerda como un pionero del periodismo para los afroamericanos.

censurado: Haber eliminado partes de un escrito, película u otro trabajo por considerarlas ofensivas o inaceptables.

Fotoperiodistas
Robert Capa

Robert Capa ha sido considerado uno de los más grandes fotógrafos del siglo XX. Capa nació en Hungría, pero más tarde emigró a los Estados Unidos. Se convirtió en un reconocido **fotoperiodista** durante la Guerra Civil Española.

¿Una falsificación famosa?

Años después de que la foto «Muerte de un miliciano» de Capa se hiciera famosa, un periodista afirmó que Capa le dijo que la imagen era un montaje. Esta afirmación nunca fue probada y todavía se cree ampliamente que la foto es genuina.

«Muerte de un miliciano» fue la fotografía que le dio fama a Capa. Él dijo que la había tomado mientras estaba en las trincheras. Los soldados salían corriendo en grupos para atacar al bando contrario. Durante uno de los ataques, Capa levantó su cámara y tomó esta famosa foto.

«Muerte de un miliciano», de Robert Capa

fotoperiodista: Un fotógrafo que toma fotografías de eventos noticiosos y cuenta la historia de lo que sucedió por medio de fotos.

Capa continuó trabajando como fotoperiodista durante la Segunda Guerra Mundial. Un evento que dio lugar a otras de las fotografías más famosas de Capa fue el Día D, la invasión aliada a Francia, que estaba ocupada por los alemanes. El Día D fue una de las mayores invasiones por mar de la historia. Capa estuvo allí con los soldados. Fue un acto arriesgado.

Las minas antipersonas enterradas a lo largo de la playa explotaban cuando los soldados las pisaban sin darse cuenta. Balas volaban en todas direcciones alrededor de Capa. Ignorando estos peligros, tomó tantas fotografías como pudo durante los 90 minutos que estuvo en la playa. Luego corrió hacia un lugar seguro. Las imágenes que Capa tomó durante el desembarco le ofrecieron al público de entonces y de ahora una visión increíble de aquel día histórico.

Robert Capa

Capa estuvo justo en medio de los combates del Día D, donde tomó algunas de sus fotografías más famosas.

Sha Fei

Sha Fei fue un importante fotoperiodista chino que capturó imágenes icónicas de la segunda guerra chino-japonesa en 1937. Estuvo en el frente con las tropas chinas y tomó fotografías memorables de los combates en la cima de la Gran Muralla. Estas imágenes, como muchas de las fotografías de Sha Fei, sirvieron como **propaganda** y proporcionaron al pueblo un símbolo de resistencia nacional.

propaganda: Información que se difunde para influir en la forma de pensar de las personas, ganar seguidores o hacer daño a un grupo contrario. A menudo, aunque no siempre, se trata de información sesgada.

Sha Fei

Los combates tuvieron lugar justo en lo alto de la Gran Muralla durante la segunda guerra chino-japonesa.

21

Ser fotoperiodista durante un combate siempre es peligroso. Una vez, Sha Fei resultó herido durante un ataque y sus negativos quedaron sin protección. Los soldados sabían lo importante que era su trabajo. Nueve de ellos murieron mientras intentaban proteger los negativos de Sha Fei.

Sha Fei murió a los 38 años, pero se le recuerda como un fotoperiodista de guerra con gran empatía y talento artístico. Tenía la capacidad de extraer verdaderas emociones de sus personajes.

Estas fotografías muestran escenas de la segunda guerra chino-japonesa.

Catherine Leroy

Catherine Leroy fue una fotoperiodista conocida por su valentía. Empezó a cubrir la guerra de Vietnam en 1966. Trabajó como fotógrafa independiente y vendía sus fotografías después de tomarlas. No tenía mucho dinero, pues no trabajaba para ningún medio en especial. Para ahorrar un poco, Leroy vivía con los soldados, comía lo mismo que ellos y dormía donde ellos dormían.

Catherine Leroy

Una fotografía de un grupo de marines estadounidenses en Vietnam tomada por Catherine Leroy.

Leroy obtuvo su licencia de paracaidista cuando era adolescente. Esta habilidad le fue útil durante la guerra. Se lanzó en paracaídas con las tropas durante la Operación Junction City. Fue la primera periodista en saltar en paracaídas a un combate, y tomó fotografías de tropas en el aire en Vietnam.

Leroy con un paracaídas antes de saltar.

Leroy tomó fotografías de tropas en el aire mientras se lanzaba en paracaídas.

Durante la guerra, Leroy fue capturada por el Ejército de Vietnam del Norte. Un periodista francés fue capturado con ella. Un teniente vietnamita hablaba francés. Lograron explicarle que no eran soldados, sino periodistas. El teniente aceptó dejarlos ir.

Leroy recibe un broche para conmemorar el momento histórico de ser la primera periodista en lanzarse en paracaídas a un combate.

Primero, Leroy convenció a sus captores para que le permitieran fotografiarlos. Les dijo que quería mostrar su versión de los hechos. Las fotografías de estos hombres fueron publicadas en la revista *Life*. Leroy escribió el artículo que acompañaba las imágenes que tomó.

Leroy ganó el Premio George Polk a la Fotografía del Año en 1967 por su trabajo en Vietnam. Se le recuerda como una de las mejores fotoperiodistas de la guerra de Vietnam.

Leroy sostiene el premio George Polk a la Fotografía del Año.

Leroy tomó fotos de las tropas en Vietnam mientras viajaba con ellas.

Juego de memoria

Mira las fotos. ¿Qué recuerdas haber leído en las páginas donde aparecía cada imagen?

Índice analítico

Dachau: 8, 9

Día D: 18, 19

Dunkerque: 5, 6

guerra chino-japonesa: 20, 21, 22

guerra de Corea: 10

guerra de Vietnam: 24, 28

Primera Guerra Mundial: 4, 7

Segunda Guerra Mundial: 8, 12, 18

Preguntas después de la lectura

1. ¿Qué cambió Basil Clarke en la forma de hacer reportajes de guerra?

2. ¿Por qué Roi Ottley tuvo que suavizar en sus informes la realidad que vio entre soldados blancos y soldados negros?

3. ¿Cuál es el título de la foto que hizo famoso a Robert Capa?

4. ¿En qué lugar tomó Sha Fei algunas de sus fotografías de guerra más memorables?

5. ¿Catherine Leroy fue la primera reportera en hacer qué?

Actividad

Imagina que vas a entrevistar a uno de los periodistas de este libro. Escribe una lista de preguntas para tu entrevistado. Intenta encontrar las respuestas a tus preguntas utilizando los servicios de la biblioteca o el Internet.

Sobre el autor

A Allen R. Wells le encantó investigar y volver a familiarizarse con los personajes de este libro. Allen admira su perseverancia y determinación para luchar por lo que creen. Escribe dondequiera que encuentre inspiración. Vive en Atlanta, Georgia, donde trabaja como ingeniero mecánico y autor de libros infantiles.

© 2025 Rourke Educational Media

All rights reserved. No part of this book may be reproduced or utilized in any form or by any means, electronic or mechanical including photocopying, recording, or by any information storage and retrieval system without permission in writing from the publisher.

www.rourkebooks.com

PHOTO CREDITS: cover: eastern archive/ Shutterstock.com, LiliGraphie/ Shutterstock.com, jannoon028/ Shutterstock.com, Juan Pablo Olaya Celis / Shutterstock.com, FabrikaSimf/ Shutterstock.com; Inside Cover: DarkBird/ Shutterstock.com, jannoon028/ Shutterstock.com, Juan Pablo Olaya Celis / Shutterstock.com; TOC: waku/ Shutterstock.com; TOC, page 32: TADDEUS/ Shutterstock.com; page 4-5, 6-7, 14-15, 26-27, 28-29 DarkBird/ Shutterstock.com; page 4, 8, 12, 16, 20, 24: DarkBird/ Shutterstock.com; page 5, 7, 9, 13, 17, 19, 21, 22, 25, 26, 27, 28, 29: Picsfive/ Shutterstock.com; page 5: fozrocket/ Getty Images, jannoon028/ Shutterstock.com; page 6: vladee/ Shutterstock.com; page 7: Everett Collection/ Shutterstock.com, azure1/ Shutterstock.com; page 8: casa.da.photo/ Shutterstock.com; page 8 ,12, 16: LiliGraphie/ Shutterstock.com ; page 9: Popartic/ Shutterstock.com, U.S. Holocaust Museum, Nataliia K/ Shutterstock.com, Katrien1/ Shutterstock.com; page 9, 30: Wikimedia Commons; page 10-11, 20-21: DarkBird/ Shutterstock.com; page 11: spatuletail / Shutterstock.com, Everett Collection/ Shutterstock.com, Vitaly Korovin/ Shutterstock.com; page 12-13, 22-23, 30-31: sozon/ Shutterstock.com; page 13: Kaspars Grinvalds/ Shutterstock.com; page 13, 30: Black Past; page 14: raclro/ Getty Images; page 15: Associated Press, Krasovski Dmitri/ Shutterstock.com, Associated Press, Krasovski Dmitri/ Shutterstock.com, Photo Win1/ Shutterstock.com, Mark Carrel/ Shutterstock.com; page 16-17: photonova/ Shutterstock.com; page 16: Versanna/ Shutterstock.com; page 17: Robert Capa © International Center of Photography; page 18-19: Olga_Z/Getty Images; page 18: Versanna/ Shutterstock.com; page 19: Robert Capa © International Center of Photography; page 19, 30: Wikimedia Commons; page 21: Juan Pablo Olaya Celis / Shutterstock.com; page 21, 30: Wikimedia Commons; page 22: Wikimedia Commons, Vitaly Korovin/ Shutterstock.com; page 22-23: SVK16/ Shutterstock.com; page 23: Wikimedia Commons, photka/ Shutterstock.com; page 24: Strela Studio/ Shutterstock.com; page 25: Associated Press, Andrey_Kuzmin/ Shutterstock.com, AP Photo/Catherine Leroy, page 26, 30: Associated Press; page 26: azure1/ Shutterstock.com; page 27: Associated Press, azure1/ Shutterstock.com, page 28: Assoicated Press, Strela Studio/ Shutterstock.com; page 29: © Fondation Gilles Caron, © Dotation Catherine Leroy;

Edición de: Hailey Scragg
Diseño de los interiores y la portada de: Morgan Burnside
Traducción al español: Santiago Ochoa
Edición en español: Base Tres

Library of Congress PCN Data

Periodistas / Allen R. Wells
(Más allá del campo de batalla)
  ISBN 978-1-73165-883-8 (hard cover)
  ISBN 978-1-73165-882-1 (soft cover)
  ISBN 978-1-73165-884-5 (e-Book)
  ISBN 978-1-73165-885-2 (ePub)
Library of Congress Control Number: 2024947634
Rourke Educational Media
Printed in the United States of America
01-0342511937